Ru

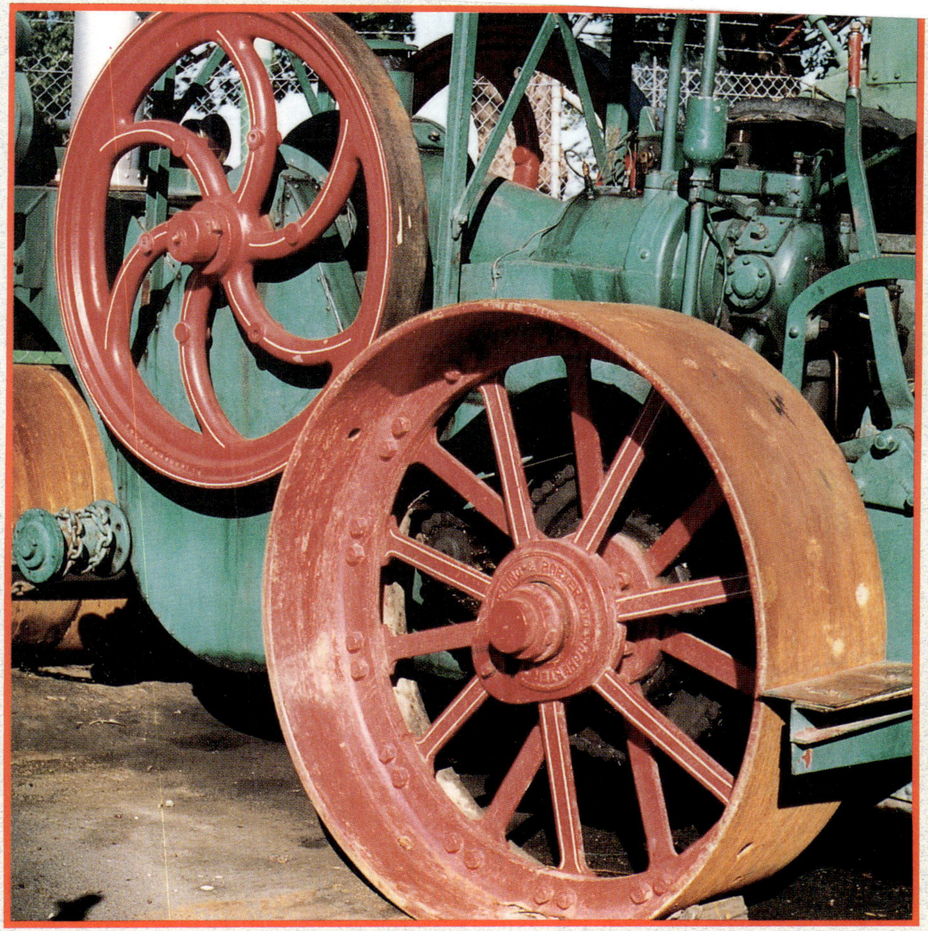

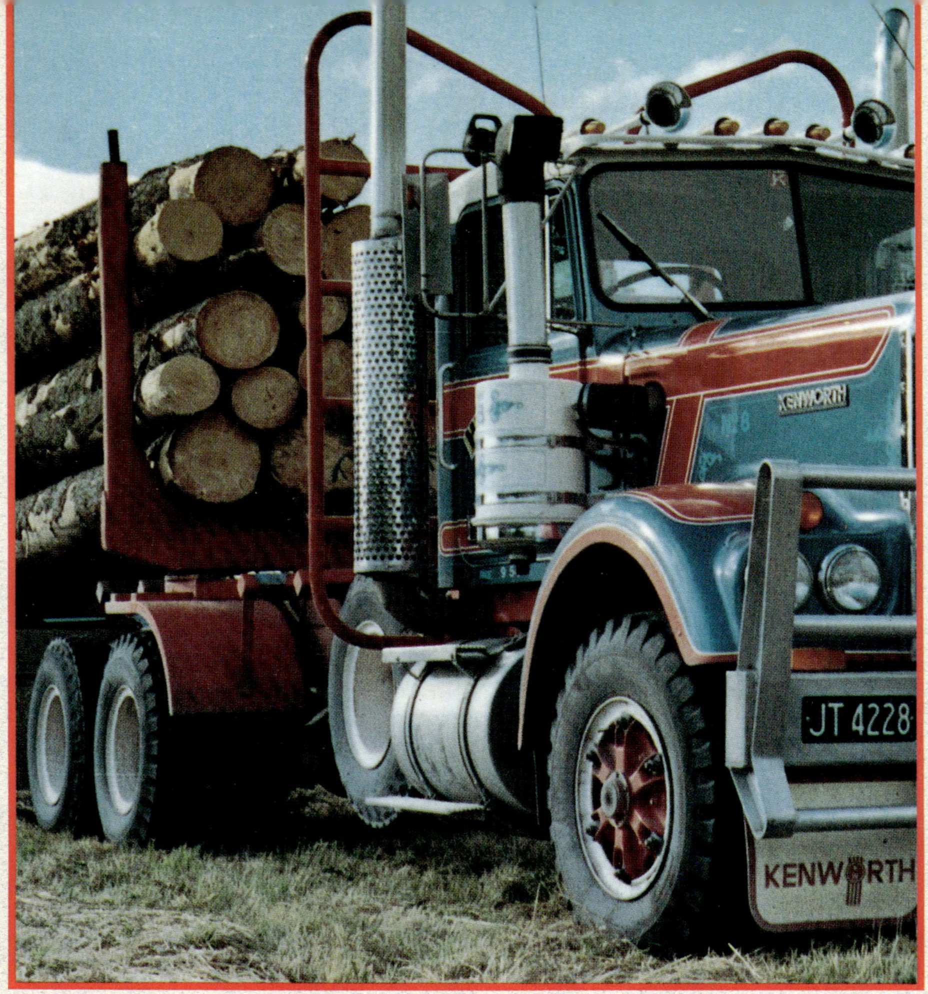

Ruedas en camiones,

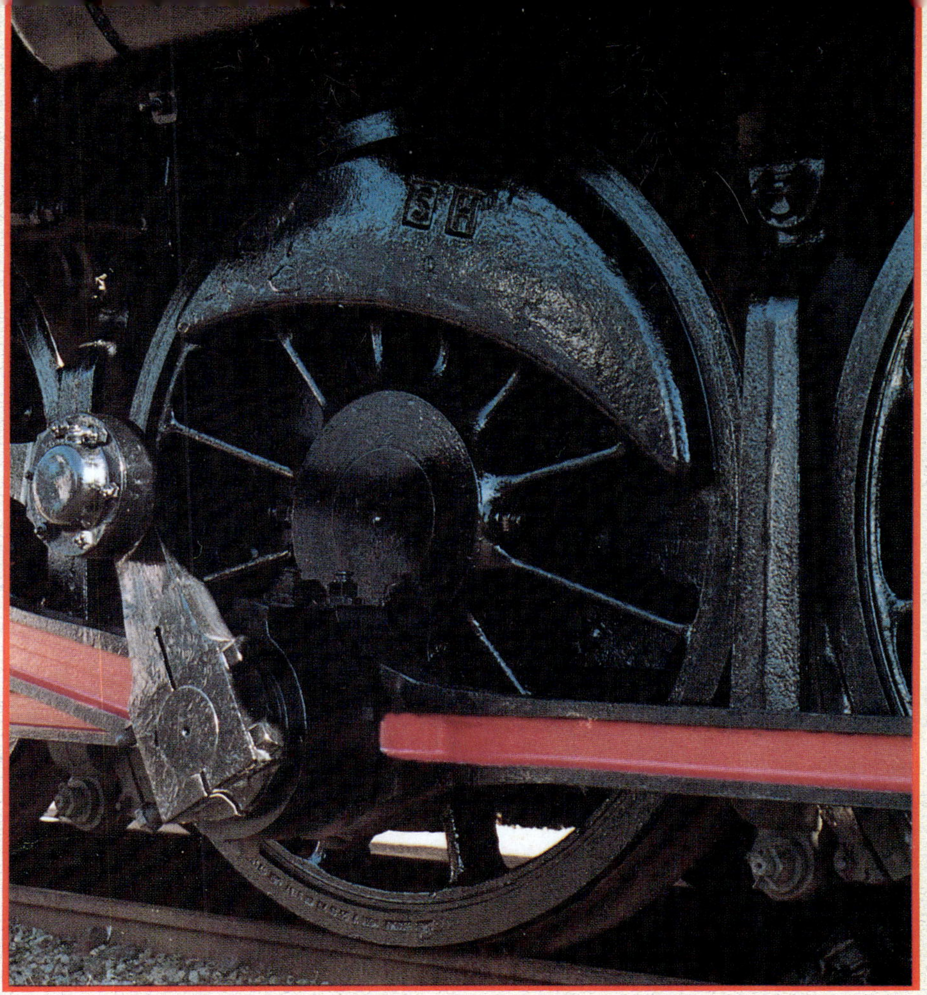

ruedas en trenes,

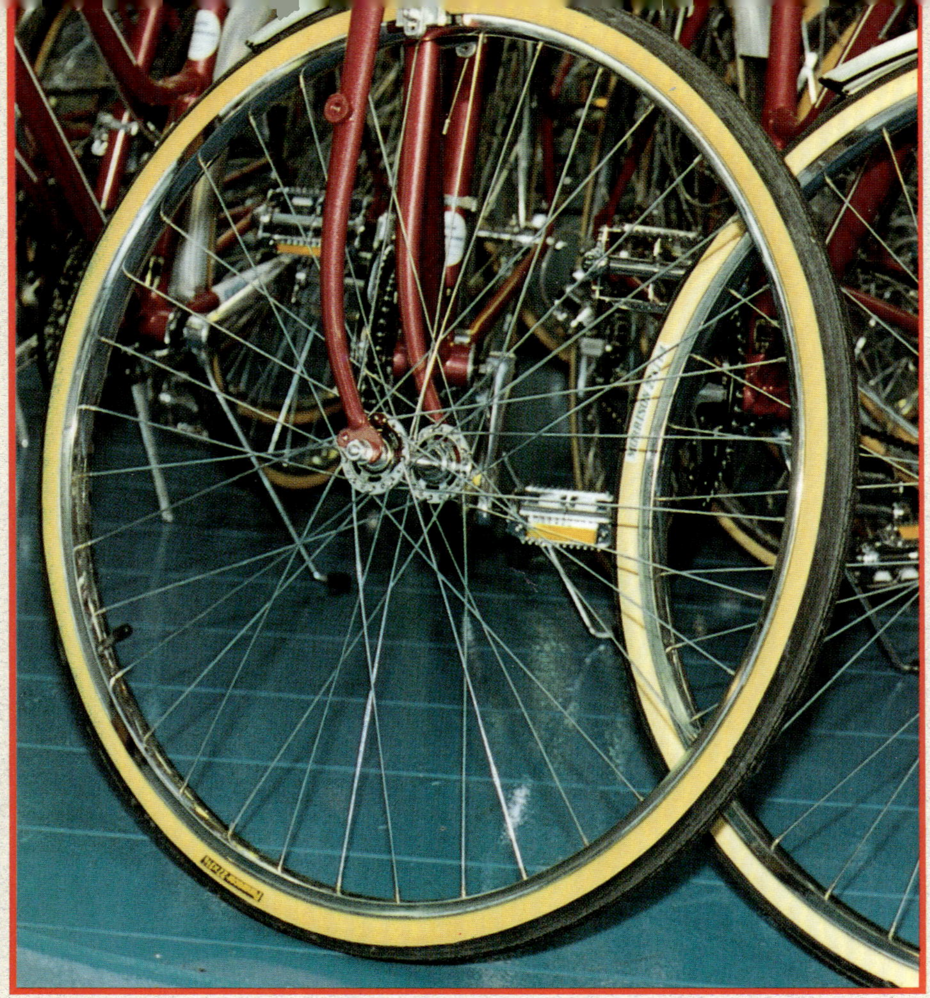

ruedas en bicicletas,

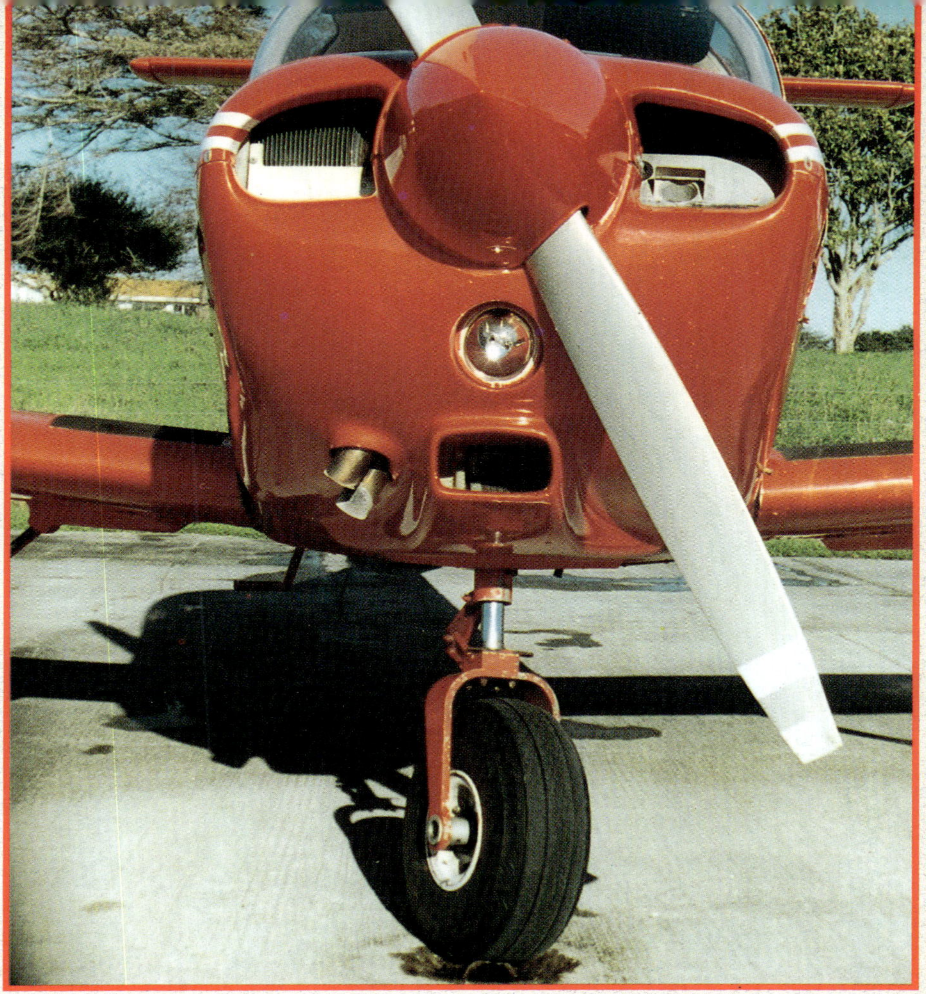

ruedas en aviones,

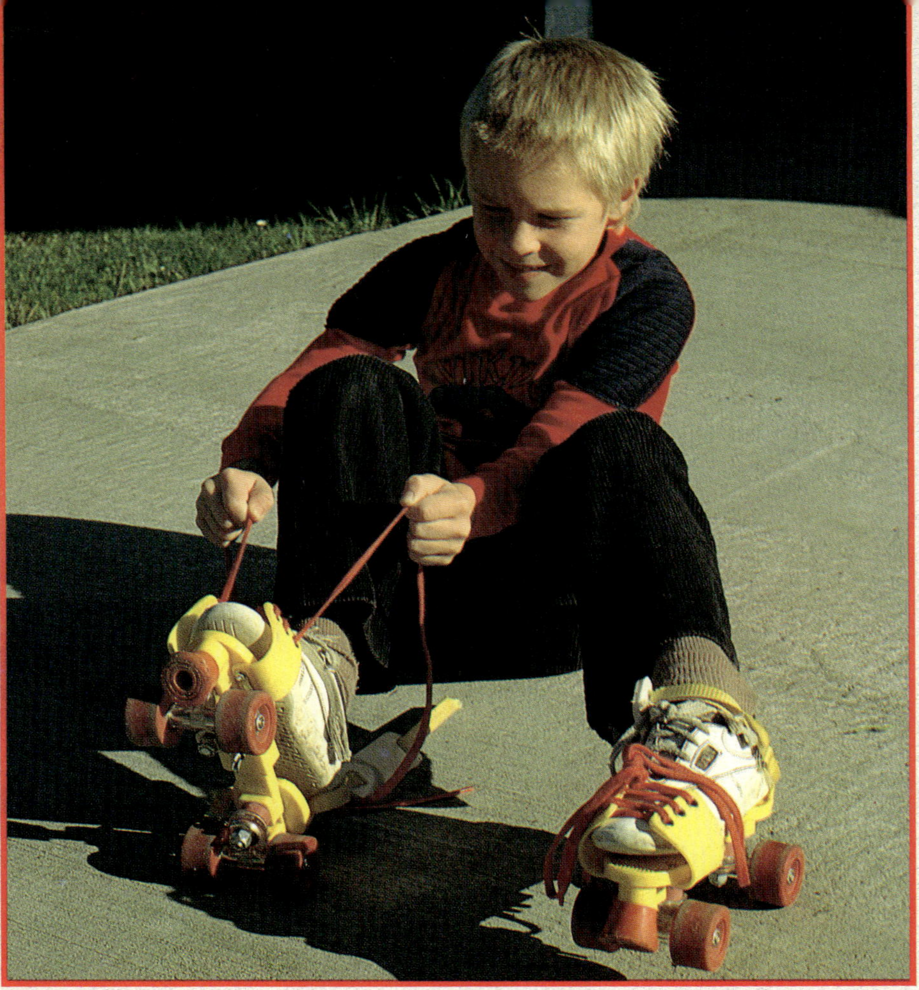

ruedas en patines,

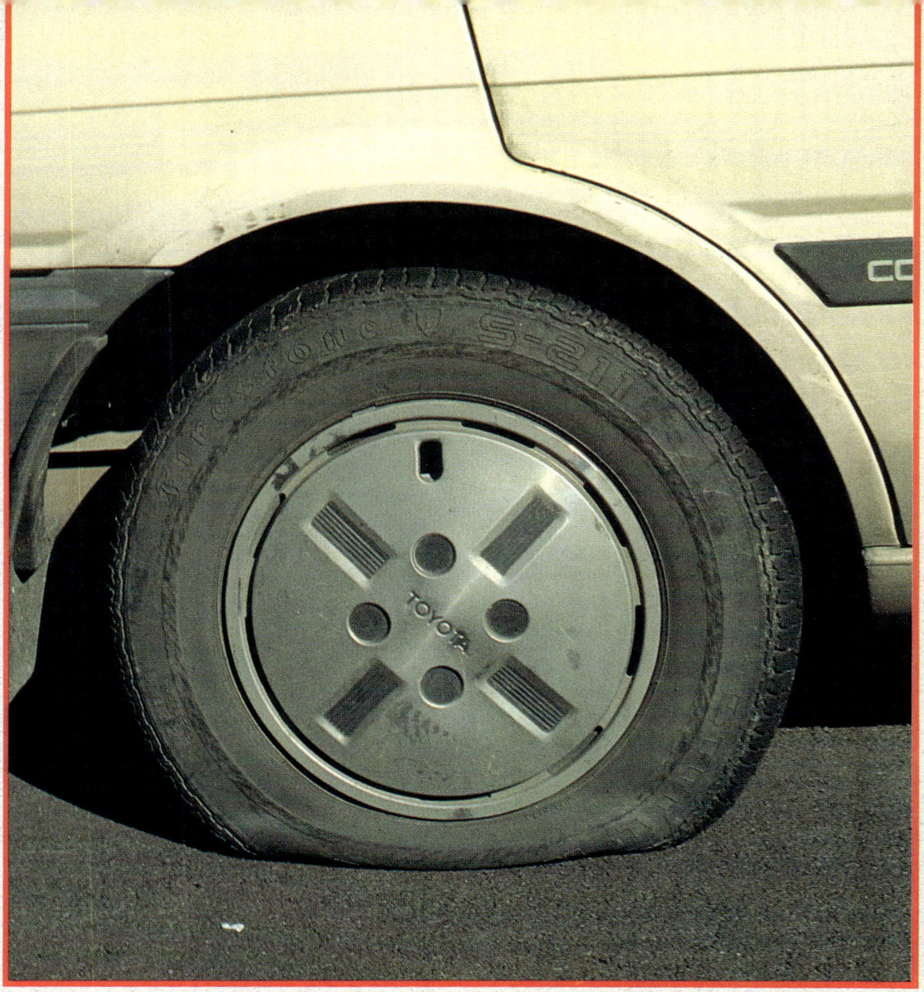

ruedas en coches...

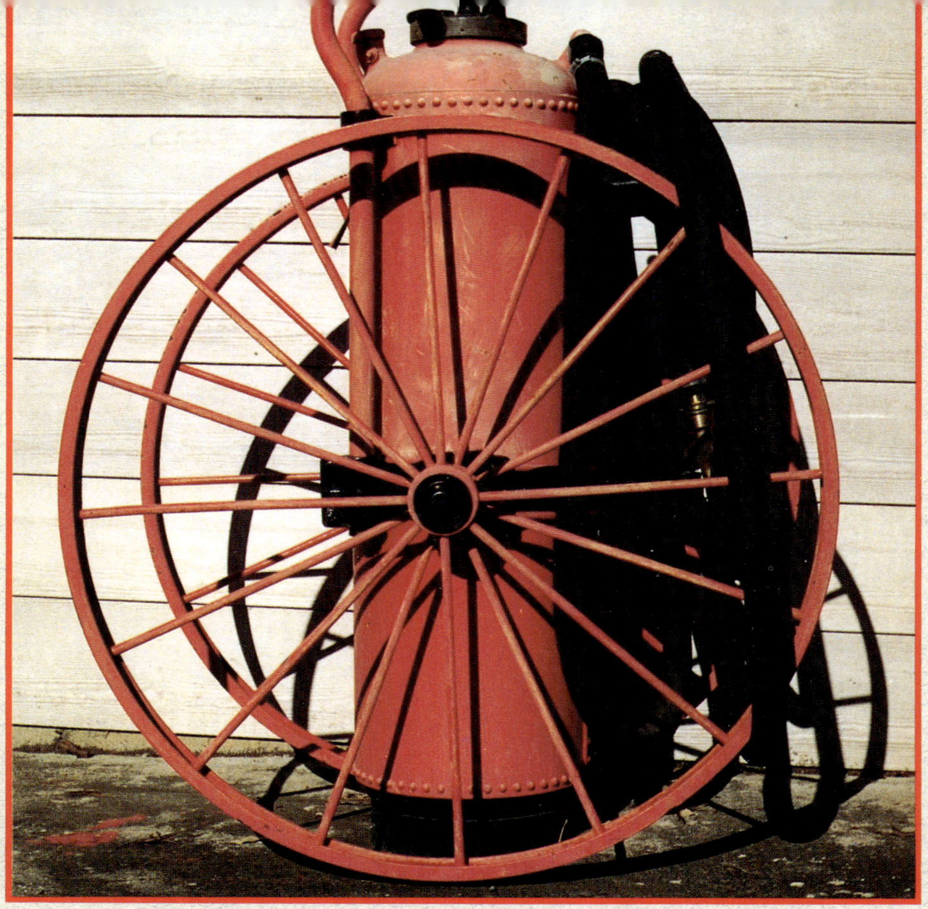

¿has visto ruedas en bombas de agua?